趣味科普小实验

韦洁慧 编著

中国科学技术大学出版社

内 容 简 介

本书为中国科学技术大学附属中学校本特色课堂教材,通过让小学生结合自身条件,探索较为有趣的特色课题,培养学生的创新意识。本书包含4个部分的小实验,均取材于日常生活,实验过程简单,实验现象有趣,引导学生探究实验现象背后的原因。以实验为基础,让学生自己动手制作学具,从而培养其动手能力以及运用知识解决实际问题的能力,激发其科学探究的主动性和积极性。

图书在版编目(CIP)数据

趣味科普小实验/韦洁慧编著. —合肥:中国科学技术大学出版社,2024.5
ISBN 978-7-312-05899-8

Ⅰ. 趣… Ⅱ. 韦… Ⅲ. 科学知识—小学—教学参考资料 Ⅳ. G624.63

中国国家版本馆 CIP 数据核字(2024)第 085508 号

趣味科普小实验
QUWEI KEPU XIAO SHIYAN

出版	中国科学技术大学出版社
	安徽省合肥市金寨路96号,230026
	http://press.ustc.edu.cn
	https://zgkxjsdxcbs.tmall.com
印刷	合肥华星印务有限责任公司
发行	中国科学技术大学出版社
开本	787 mm×1092 mm 1/16
印张	10.5
字数	143千
版次	2024年5月第1版
印次	2024年5月第1次印刷
定价	48.00元

序

2023年5月，教育部等十八部门联合印发《关于加强新时代中小学科学教育工作的意见》，要求在教育"双减"中做好科学教育加法，为中小学生提供更加优质的科学教育，激发学生好奇心、想象力和探求欲，全面提高学生科学素养，培育具备科学家潜质、愿意献身科学研究事业的青少年群体。

中国科学技术大学附属中学历来重视对学生科技创新能力及实践探究能力的培养。多年来，紧密依托中国科学技术大学雄厚的科技和人才资源，在提高学生学习科学的积极性等方面持续努力，并在培养学生观察、动手及动脑能力等方面积极探索，形成了以科学为特色的校园氛围。

科学实验是科学教育的基础。好的科学实验可以在学生的心中留下深刻的印象，对于学生了解什么是科学问题，培养科学思维和熏陶科学精神起着重要作用。韦洁慧老师多年从事科学实验教育工作，总结和整理了66个较有代表性的趣味科学小实验：鸡蛋可以直立，用筷子可以提起重物，球可以自己爬坡，一张小纸片可以托住瓶中的水……书中所设计的实验具有较好的可视性和稳定性，实验操作有细致、详尽的步骤，有直观的实验器材图和清晰的实验过程图，以确保孩子们能观察到有趣的实验现象。在设计实验的基础上，对相关知识做了补充和拓展，并结合实际生活，指导孩子们运用所掌握的知识，通过完成有趣的实验，发现日常现象背后的科学原理，加深孩子们对科学知识的理解和掌握。实验所需的器材大部分在生活中常见，可以因陋就简，就地取材。

学生通过自己动手做实验，可以激发好奇心，拓展思维，启发想象力，做到学思结合，寓学于乐，产生探索自然的兴趣。另外，还可以培养学生良好的实验习惯和认真的科学态度，提高学生的观察、思维以及逻辑推理的能力，提升科学探究能力。科学小实验可以引领学生进入科学殿堂，发现奇妙的科学现象，开始一段奇妙的科学之旅。

冯胜

中国科学技术大学附属中学党总支书记、校长

2024 年 5 月 20 日

目　录

第一篇 运动和力

序	……………………………………………………	i
1	不倒的易拉罐 ……………………………………	002
2	站立的鸡蛋 ………………………………………	005
3	站立的"小鸟" ……………………………………	007
4	筷子的神力 ………………………………………	009
5	挪不动的硬币 ……………………………………	011
6	区别生、熟鸡蛋 …………………………………	013
7	向上爬的土豆 ……………………………………	015
8	悬浮的乒乓球 ……………………………………	017
9	"吃掉"铁钉的沙子 ………………………………	019
10	双轨怪坡 …………………………………………	022
11	固定在水底的蜡烛受浮力作用吗 ………	024
12	水中浮不起的乒乓球 ……………………………	026
13	吸管浮沉子 ………………………………………	028
14	鸡蛋在盐水中浮起来 ……………………………	031
15	弹力小圆筒 ………………………………………	033
16	反冲小车 …………………………………………	036
17	会旋转的塑料瓶 …………………………………	038
18	自动回旋筒 ………………………………………	040
19	空气炮 ……………………………………………	043
20	虹吸现象 …………………………………………	046

21	覆杯实验	049
22	会喝水的杯子	051
23	瓶子吞鸡蛋	054
24	小试管爬升实验	057
25	伯努利原理的实验	059
26	让纸杯飞起来	061
27	不下落的乒乓球	064
28	水冲不走的乒乓球	066
29	向上跑的乒乓球	068
30	软吸管扎进土豆	070

第二篇 热、分子力的作用、光

31	能抓着气球的杯子	074
32	冷、热水的扩散	076
33	黑色比白色吸热	079
34	铅笔穿水袋不漏水	082
35	有孔的纸片托水	084
36	汇合的水流	086
37	"堆水"不溢	088
38	破坏水的表面张力	090
39	回形针浮在水面上	092
40	毛细现象	094
41	视觉暂留	097
42	汤勺中的像	099
43	空杯变硬币	101
44	透明圆桶成像	103

第三篇 电与磁

45　棒吸易拉罐 ………… 108
46　自制验电器 ………… 110
47　静电感应 ………… 112
48　跳舞的小纸屑 ………… 114
49　旋转的纸条 ………… 116
50　制作水果电池 ………… 118
51　学会连接电路 ………… 121
52　检测材料的导电性 ………… 123
53　认识磁性物体 ………… 125
54　通电线圈和磁性 ………… 127
55　自制电磁铁 ………… 129
56　自制简易电动机 ………… 132
57　电动小刷子 ………… 135
58　电动小船 ………… 137

第四篇 物质的变化

59　淀粉变色实验 ………… 142
60　牛奶遇上可乐 ………… 145
61　用紫甘蓝自制酸碱指示剂 ………… 147
62　吹气球实验 ………… 149
63　二氧化碳灭火 ………… 151
64　鸡蛋遇上白醋 ………… 154
65　柠檬汁作画 ………… 156
66　自制汽水 ………… 158

第一篇
运动和力

1

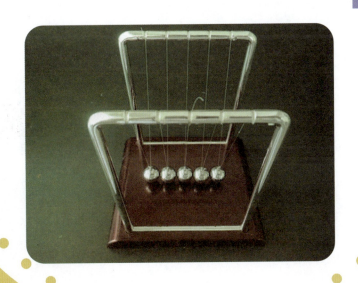

1 不倒的易拉罐

实验器材

空易拉罐，水。

实验步骤

1. 在空易拉罐中倒入 1/3~1/2 的水。
2. 将易拉罐倾斜立在桌面上。

💡 现象解释

易拉罐倾斜时，底部与桌面有两个接触点，当罐中有 1/3~1/2 水时，易拉罐的重心落在这两个支点之间，所以易拉罐能够保持平衡。若把里面的水装满或者倒空，再斜立时，易拉罐的重心超出了两个支撑点的范围，易拉罐就无法保持平衡了。这就是重心的原理及平衡的现象。

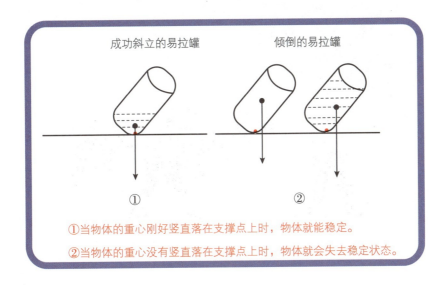

①当物体的重心刚好竖直落在支撑点上时，物体就能稳定。
②当物体的重心没有竖直落在支撑点上时，物体就会失去稳定状态。

第一篇　运动和力

💡 联系实际

意大利的比萨斜塔的重心在地面上的投影没有偏出斜塔地基,也就是说比萨斜塔虽然斜,但重心仍然在地基上,因此它稳稳当当地立在那里。

冰雪运动员穿上滑雪板增大与冰面接触的面积,降低重心,都可以提高身体的稳定性。

2 站立的鸡蛋

实验器材

鸡蛋（生、熟都可以），食盐少许。

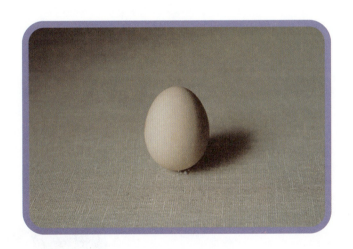

实验步骤

1. 在平整的桌面上撒点盐。
2. 把鸡蛋竖立在盐上，观察鸡蛋是否会站立不倒。
3. 鸡蛋立住后，把周边的盐吹掉，只剩一点盐残留于桌上，观察鸡蛋是否仍然能站立不倒。

现象解释

食盐颗粒和鸡蛋表面产生摩擦，同时鸡蛋底端和食盐颗粒在桌面上共同形成了稳固的支撑，食盐颗粒增大了鸡蛋和桌面的接触面积，且接触面呈现水平状。鸡蛋重心的铅垂线和整个支撑结构的支点处于同一条线上，所以鸡蛋能站立起来。

联系实际

这个勺子处于站立状态，是因为增大了勺子的底面积。这一方面降低了勺子的重心，另一方面使勺子重心的铅垂线落在支撑面上。

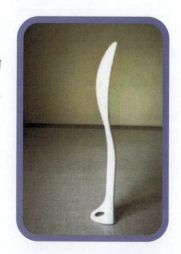

3 站立的"小鸟"

实验器材

卡纸，回形针，铅笔，小剪刀。

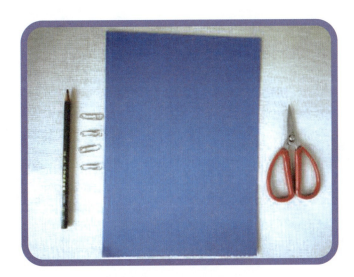

实验步骤

1. 把卡纸对折并勾画出小鸟形状，沿轮廓剪下来，并展开。
2. 尝试将"小鸟"的嘴巴放在手指上，"小鸟"立马就掉下来，无法保持平衡。
3. 将相同数量的回形针分别别在"小鸟"两端的翼尖上。

4.再次尝试将"小鸟"嘴巴放在手指上,此时"小鸟"就能稳稳地被托住。(下图使用了固定好的笔杆替代手指。)

现象解释

通过上面的实验我们发现,开始时"小鸟"立不住,但是把回形针别在翼尖后,"小鸟"就能立住了。因为把回形针别在翼尖上,"小鸟"的重心就会降低,由于"小鸟"是横向对称的,此时指尖位于"小鸟"的重心铅垂线上,所以保持了平衡,"小鸟"就稳稳地立在了指尖上。

联系实际

企鹅走路摇摇晃晃,是因为走路时重心会发生变化。

4 筷子的神力

实验器材

筷子，大米，矿泉水瓶（或窄口深杯子）。

实验步骤

1. 将矿泉水瓶灌满大米。
2. 反复用力向下磕矿泉水瓶的底部，使米粒之间**接触紧密**。
3. 将筷子插入矿泉水瓶至底部（越难插，效果越好）。
4. 轻轻上提筷子，观察现象。

现象解释

当大米被紧紧压进瓶后，筷子上提时，筷子与米粒之间就产生了向上的摩擦力，当摩擦力的大小等于杯子和大米的重力时，筷子就能将装有大米的矿泉水瓶提起。

联系实际

手握杯子时，杯子受到向上的摩擦力的作用，当摩擦力的大小等于杯子的重力时，杯子就不会从手上掉下来。

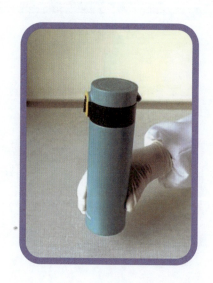

5 挪不动的硬币

第一篇 运动和力

💡 实验器材

玻璃杯,硬纸片(比杯口大一点),硬币,筷子。

💡 实验步骤

1. 将硬纸片平放在玻璃杯口,再将硬币放在纸片上。
2. 用筷子沿水平方向迅速击打纸片,使纸片弹出。
3. 观察硬币的运动轨迹,并思考原因。

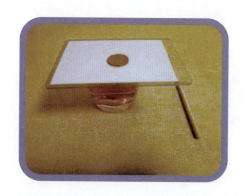

现象解释

由于惯性的原因，在不受外力的情况下，一切物体都会保持原有状态。开始时，纸片和硬币都保持着静止状态，当纸片受到筷子的击打而弹出杯口时，硬币因受到纸片摩擦力的作用时间很短，最终由于惯性而保持静止状态，没有随纸片飞出去，落在了杯中。

联系实际

一切物体都有保持原来静止状态或匀速直线运动状态的性质，这就是惯性。惯性在生活中有广泛的运用，人们有时要利用惯性，但有时又要防止惯性带来的危害。

利用惯性的案例：跳远运动员的助跑；用力抛可以将石头甩出很远；骑自行车蹬几下后可以让它滑行；烧锅炉时，用铁锹往炉膛内添加煤；撞击锤柄几下，套紧锤头；摩托车飞跃断桥。

防止惯性的案例：汽车上乘客要系安全带；车辆行驶要保持距离；为了安全行驶，汽车不能超载、超速。

6 区别生、熟鸡蛋

实验器材

生、熟鸡蛋各一枚。

实验步骤

把两个鸡蛋放在水平的桌面上同时旋转,转动时间较长的是熟鸡蛋,转动时间短的是生鸡蛋。

现象解释

　　熟鸡蛋的蛋壳、蛋白、蛋黄是固体状态，旋转时是一个整体。生鸡蛋的蛋白、蛋黄是液体，蛋壳转动时，蛋白和蛋黄由于惯性不能与蛋壳同时旋转，所以转动的生鸡蛋很快便会停下来，而熟鸡蛋可以转动较长时间。

7 向上爬的土豆

实验器材

生土豆（小一些），筷子，小锤子。

实验步骤

1. 用筷子穿过土豆，使土豆位于筷子的一端。
2. 筷子竖直放置，土豆位于筷子的下方。

3. 用小锤子在筷子的上方垂直向下敲击筷子，观察土豆的运动状态。

4. 土豆沿着筷子向上运动。

（注意事项：本实验中的小锤子和筷子有一定危险性。在使用过程中，需有成年人在场看护。）

土豆的质量较大，筷子因为敲击向下运动，土豆由于惯性基本保持不动，所以土豆会沿着筷子向上运动。

物体保持原有静止状态或匀速直线运动状态的性质叫惯性。惯性的大小与物体的质量有关，质量大的物体惯性大，质量小的物体惯性小。

灰尘和石块的质量不同，落在桌上的灰尘可轻轻地吹去，而挡路的石块则需费力才能搬走。

8 悬浮的乒乓球

实验器材

乒乓球,电吹风(实验中始终使用凉风)。

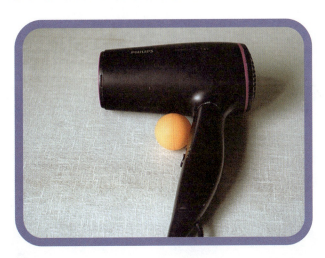

实验步骤

1. 将电吹风风口朝上放置,打开电吹风的开关,手拿乒乓球挨近电吹风正上方风口处(注意,乒乓球不要接触到电吹风)。
2. 松开乒乓球,观察乒乓球是否可以悬浮在空中。

现象解释

此实验中,在竖直方向上,乒乓球受到自身向下的重力,正下方的吹风机吹出的风产生向上的支持力,当这两者相平衡时,乒乓球所受合力为零,保持空中静止悬浮状态。

拓展实验

把可弯折的吸管折成 90 度,短边口朝上,将乒乓球放在上端出口处,用力吹吸管的另一个口,观察乒乓球是否也可悬浮在空中。

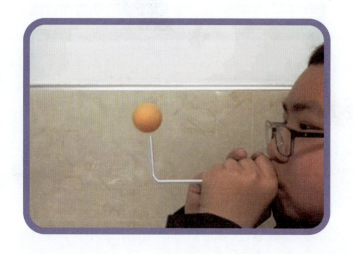

9 "吃掉"铁钉的沙子

实验器材

钉有 4 个长钉的正方形木块，400 克的重物，沙子。

实验步骤

1. 将木块面朝下放在沙面上，将重物放在木块的上面。观察木块是否陷入沙中。

2. 将 4 个长钉放在沙面上，木块面朝上，再将重物放在木块的上面。观察钉子是否陷入沙中。

现象解释

铁钉之所以会陷入沙中，是因为铁钉顶端与沙的接触面（受力面积）比木块与沙的接触面（受力面积）要小很多。当物体受压时，受力面的面积越小，产生的压力作用效果越明显；受力面的面积越大，产生的压力作用效果就越不明显。

联系实际

滑雪板、书包背带、坦克履带等都是利用增大受力面积来减小力的作用效果；针的尖端做得尖、菜刀磨得薄等都是利用减小受力面积来增大力的作用效果。

增大受力面积，减小力的作用效果的案例：

书包上配有宽宽的背带

大平板挂车有很多车轮

坦克装有很宽的履带

图钉帽面积做得很大

减小受力面积，增大力的作用效果的案例：

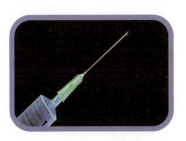
注射器的针头很尖细

图钉的钉尖做得很尖

菜刀刃很锋利

车上安全锤的锤头做成尖形

趣味科普小实验

10 双轨怪坡

实验器材

玻璃小球（直径3厘米左右），长约30厘米的木棒，泡沫板。

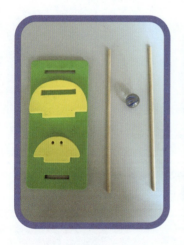
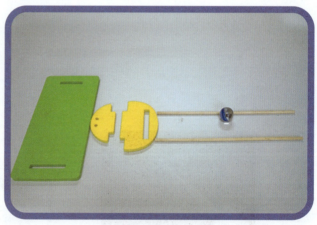

实验步骤

1. 如图所示，将木棒分别插入两个泡沫板中，形成架空的梯形高低轨道，低端离桌面约3厘米，高端离桌面约4厘米，使两根木棒在低端的距离小于在高端的距离，且两根木棒的最大距离须小于小球的直径。
2. 将小球放置在坡道最低处，观察小球的运动轨迹，思考原因。

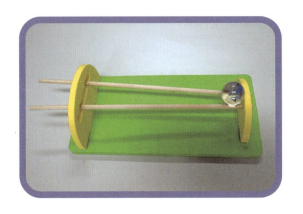

💡 现象解释

在小球上升的过程中,小球的重心是下降的,小球的重力势能转化为小球的动能。看上去小球是由低处向高处运动,实际上小球的重心是降低的,所以符合运动规律。

💡 联系实际

世界各地都有怪坡被发现。在怪坡上,汽车熄火摘挡后,它会自动从坡底退回到坡上;横放的水杯也会自动从坡底向坡上滚动。经过研究后发现,这些怪坡看似上坡路,实质都是下坡路,是由于奇特的地形使人们产生了视错觉。

11 固定在水底的蜡烛受浮力作用吗

实验器材

两个水盆(其中一盆有水),蜡烛。

实验步骤

1. 将蜡烛固定在空盆中(用蜡油固定)。
2. 向空盆里倒水。
3. 用力推蜡烛,使蜡烛脱离盆底,观察蜡烛的状态。

现象解释

浮力是指液体对物体的上、下表面的压力差所产生的力。当蜡烛固定在空盆中时，蜡烛的底部与空盆紧密接触，没有缝隙。向空盆里倒入水时，蜡烛的底部是没有水的，此时的蜡烛没有受到向上的浮力。当蜡烛跟盆脱离时，其底部有水，蜡烛就受到水对它向上的浮力作用。由于蜡烛所受的浮力大于蜡烛的重力，蜡烛就上浮。

联系实际

桥墩受浮力影响吗？建造大桥时，桥墩要穿过水，跟地基相连，所以桥墩不渗水时，是不受浮力作用的。

第一篇 运动和力

12 水中浮不起的乒乓球

实验器材

乒乓球，水，矿泉水瓶，水杯。

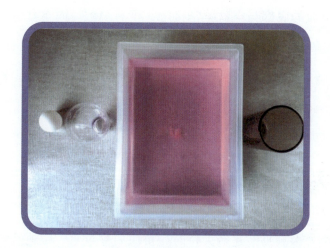

实验步骤

1. 将矿泉水瓶的瓶底剪掉，瓶盖打开，瓶口朝下放置。
2. 将乒乓球放入瓶中，向瓶内倒水。
3. 随着水的流入，少量水从瓶口流出，观察乒乓球的状态。
4. 用手捂住瓶口一会，观察乒乓球的状态。

现象解释

当乒乓球上方有水时，上方的水对乒乓球有向下的压力，乒乓球的下方卡着瓶口没有水，受到大气的压力，乒乓球受到上方水的压力和球的重力大于下方大气的压力，乒乓球就停留在瓶口处保持不动。当我们用手托住瓶口时，有一部分水渗到了球的下边，所以整个球的周围都有了水的压力，水对球向上的压力减去水对球向下的压力就是乒乓球受到的浮力。当浮力大于球的重力时，乒乓球就浮了上来。

联系实际

轮船在搁浅时因为船底部没有水，就不受浮力的作用了。

13 吸管浮沉子

实验器材

矿泉水瓶，回形针，吸管（略粗一点），剪刀，水。

实验步骤

1.用剪刀剪下一截约6厘米长的吸管，沿吸管中间对折，将回形针的夹片插入吸管两端开口处，做成浮沉子。

2. 将矿泉水瓶中装满水。

3. 用手指按捏吸管，把吸管内的空气排出。

4. 将吸管的开口向下，手指压着吸管沿着瓶口壁把吸管缓慢放进瓶中。

5. 松开手，当吸管顶部跟水面接近相平时（如图，可用手指伸进瓶内挤压吸管，排出吸管内空气），拧紧瓶盖。

6. 用力按压矿泉水瓶的瓶身，浮沉子会下降，松开手后，浮沉子会上升。

现象解释

当按压矿泉水瓶时，瓶内气体压强会增大，水被压入浮沉子，当浮沉子的重力大于浮力时，浮沉子就下沉；当松开矿泉水瓶时，瓶内气体压强减小，浮沉子中的水又回到了瓶中，当浮沉子的重力小于浮力时，浮沉子便上浮。

联系实际

潜艇靠改变自身重量来实现上浮和下潜。往蓄水舱中注水，使潜艇重量增加，当潜艇重量超过它的排水量时，潜艇就会下潜。

14 鸡蛋在盐水中浮起来

实验器材

两杯水（一杯清水、一杯盐水），两个鸡蛋（大小相近）。

实验步骤

1. 将一个鸡蛋放入装有清水的杯子中，观察鸡蛋是否会沉到杯底。

2. 将另一个鸡蛋放入装有盐水的杯子中，观察鸡蛋是否会浮起来。思考盐水浓度的高低对鸡蛋浮出水面的体积是否有影响。

现象解释

鸡蛋浸入水中受到水的浮力作用。鸡蛋在清水中受到的浮力小于重力，鸡蛋就沉入水底。鸡蛋在盐水中所受的浮力大于自重时，鸡蛋就会上浮。鸡蛋所受浮力的大小跟液体的密度有关。盐水的密度大于清水的密度。

联系实际

死海又叫盐海，盐度为 34% 左右，大概是普通海水的 10 倍。人可以浮在水面上。

15 弹力小圆筒

实验器材

乒乓球,圆形塑料瓶,橡皮筋,绳子,剪刀。

实验步骤

1. 将塑料瓶沿着圆边剪开成为两部分。
2. 在塑料瓶口四等分处,用剪刀剪出 2 厘米左右深的口子。
3. 把橡皮筋套到剪开的口子里,橡皮筋的另一半箍在瓶子的外壁上,构成一个半圆形状。

4.将另一根橡皮筋用同样的方法套到另外一个开口上,从上方看,两根橡皮筋构成十字形。

5.取一根绳子,在橡皮筋交叉处打个结。

6.在瓶底中间钻个小孔,把绳子从瓶底中间穿过。

7. 用力把绳子往下拉，橡皮筋跟着被拉下，把乒乓球放于橡皮筋上方的中间位置。

8. 一只手握住瓶身，另一只手把绳子往下拉伸后再松开绳子，观察乒乓球的运动轨迹。

现象解释

橡皮筋富有弹性，形状发生改变后，会产生一种力，就是"弹力"。绳子拉橡皮筋使橡皮筋形变，发生形变的橡皮筋产生弹力，作用在乒乓球上，乒乓球就飞出去了。

联系实际

蹦床运动。蹦床的物理原理是蹦床面在发生弹性形变时会产生向上的弹力。

16 反冲小车

实验器材

玩具小车，吸管，气球，胶带，剪刀。

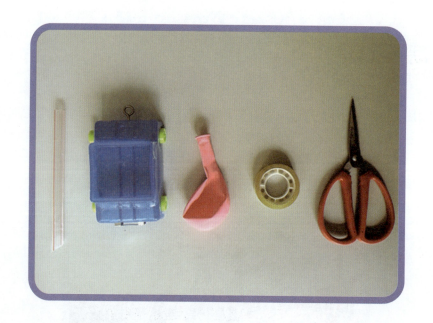

实验步骤

1. 将气球绑在吸管上，用胶带封住气球的口，使其不漏气。
2. 把吸管用胶带固定在小车上。

3. 将气球吹大，用手按住吸管口防止气球漏气。

4. 手松开，观察小车的运动方向，并思考原因。

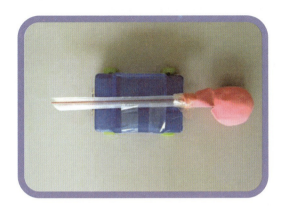

现象解释

气球里的气体喷出时，会产生一个和气体喷出方向相反的推力，推动小车向气体喷出方向相反的方向运动。

联系实际

喷气式飞机和火箭都运用了反冲的原理，它们都是靠喷出气流的反冲作用获得巨大的速度。

17 会旋转的塑料瓶

实验器材

有棱边的塑料瓶（牛奶盒也可以），锥子（钉子），30厘米的细绳，水盆，水。

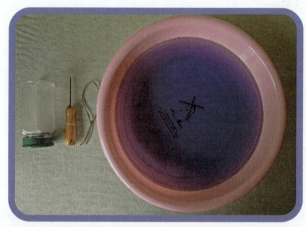

实验步骤

1. 取一个有棱边的塑料瓶，用钉子在每个侧面的左下角钻一个小孔，瓶盖正中间钻一个小孔，让绳子穿过瓶盖，并打结。
2. 将塑料瓶灌满水，把盖子盖上。
3. 用绳子将塑料瓶提起来。

4. 水从小孔流出，同时塑料瓶沿顺时针方向转动。

现象解释

水从小孔流出的同时，由于反冲运动，塑料瓶的每个侧面的左下角均受到了反冲力的作用。由于这些力的作用线的延长线均不经过塑料瓶的对称轴，都会对塑料瓶产生顺时针方向的转动效果，所以塑料瓶就按顺时针方向转动了。

联系实际

反冲式水能机是水能机的一种，它是把水流的能量转换为旋转机械能的动力机械。实际工作时，它利用水流与转轮叶片的作用力和反作用力将水流能量传递给转轮，使转轮旋转，释放出机械能。

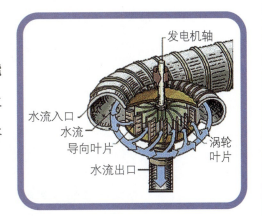

趣味科普小实验

18 自动回旋筒

实验器材

带盖的塑料圆筒（或空的易拉罐），皮筋若干（4个左右），体积较小的重物，钉子。

实验步骤

1. 用钉子在塑料圆筒的底部和盖子正中间各钻两个小孔，两孔间的距离约为 4 厘米。

2. 让皮筋分别穿过底部和盖子的小孔，在前后皮筋连接处拴一个体积较小的重物。

3. 盖上盖子，把塑料圆筒放在水平台面上，用力将它向前推，使圆筒向前滚动，观察圆筒的整个运动过程。

现象解释

动能和势能是可以相互转化的。在塑料圆筒向前滚动时，筒内重物因较重，会因惯性停在原悬挂处，不随塑料圆筒一起转动，故橡皮筋逐渐缠绕起来，塑料圆筒的动能转化为橡皮筋的弹性势能，塑料圆筒的动能逐渐减小，橡皮筋的弹性势能逐渐增大，直至塑料圆筒的动能为零时停下来。接着，橡皮筋上积蓄的弹性势能又转化为塑料圆筒的动能，使塑料圆筒自动往回滚动。

联系实际

撑杆跳高运动员助跑时把动能转化为杆的弹性势能，在杆恢复原状的过程中，杆的弹性势能转化为运动员的机械能（重力势能和动能）。运动员从最高点开始下落，运动员的重力势能又转化为他的动能。

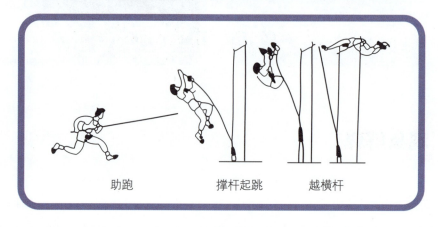

助跑　　　　撑杆起跳　　越横杆

19 空气炮

实验器材

纸杯,剪刀,气球,蜡烛,火柴,铁钉。

实验步骤

1. 拿出气球,用剪刀剪下气球的尾部,将气球上部套在杯口,使杯口封闭。
2. 用铁钉将纸杯的底部中心钻一个小孔。
3. 将蜡烛固定在桌面上,点燃蜡烛,将纸杯横卧,放置于离蜡烛10厘米左右的位置上,将纸杯底部的小孔对准蜡烛的火焰,轻轻向外拉动杯口处的气球，然后迅速地松开。

4. 观察蜡烛的火焰。

现象解释

这个实验用到了空气动力学的原理。由于气球、纸杯组合的内部有空气，内部空气被压缩后从小孔中迅速喷出，喷出的空气会继续向前运动，最终熄灭蜡烛的火焰。

联系实际

空气炮，又名空气助流器、清堵器等，以突然喷出的压缩气体产生强烈的气流冲击管道，起到清堵或清灰的作用，在工业中有较广泛的运用。

💡 拓展实验

塑料杯、塑料桶或废弃的饮料瓶都可以做这个实验。剪掉塑料桶的底部，用塑料袋把大口套上，使大口封闭，向外拉动塑料袋，然后快速挤压塑料袋（压缩气体），气体就会从小口快速喷出来。

20 虹吸现象

实验器材

2个水槽（1个装满水的水槽，1个空水槽），软橡胶管，垫高架。

实验步骤

1. 将盛水水槽置于垫高架上，空的水槽置于较低的位置。
2. 将橡胶管灌满水，用手按住两端管口不让水流出。将管子一端插入盛水水槽的水面下，另一端放入空水槽中。

3.同时松开按住管口两端的手后，会看到水从盛水水槽经过管子流入空水槽中。思考原因。

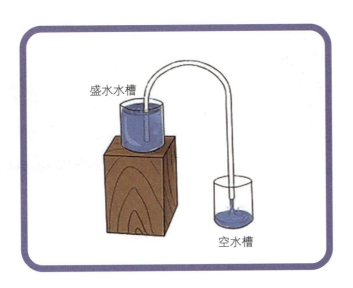

💡 现象解释

水经过管子先由低处流向高处，再流向低处的现象叫作虹吸现象。虹吸现象是由于大气压的作用而产生的。

💡 联系实际

水利建设者运用虹吸现象排出河水、湖水等，节约了机械设备的使用量与电能的消耗。楼顶、屋顶的排水系统和大型体育场馆设施的排水系统也大多是运用虹吸现象的原理设计施工的。

比较直冲式和虹吸式抽水马桶，可以发现虹吸式抽水马桶运用的是虹吸现象的原理。如下图所示，虹吸式抽水马桶的"抽水"装置是指下面的S形存水弯。排污时，马桶内的水面超过S弯的最高点，出现虹吸现象，能够把马桶里的水和污物一同抽走，直到只剩下少量水，形成水封，清洁又方便使用。

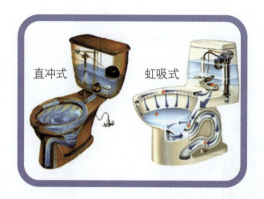

直冲式　虹吸式

洗沙换水器

21 覆杯实验

实验器材

水,瓶子(玻璃瓶或塑料瓶均可),比瓶口略大的纸片,乒乓球,纱布。

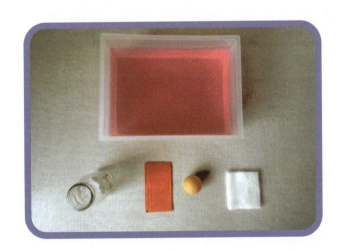

实验步骤

1. 将瓶子装满水。
2. 将纸片覆盖在瓶口,并与瓶口紧密相贴。
3. 将瓶子倒过来,使瓶口向下,观察现象。
4. 用乒乓球和纱布代替纸片重复上面的实验过程。

趣味科普小实验

 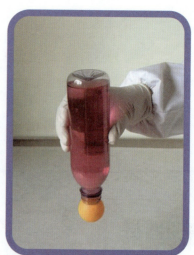

💡 现象解释

瓶中水对纸片向下的压强小于大气对纸片向上的压强，大气紧紧压住了瓶口的纸片，所以瓶中的水不会流出。此实验证明了大气压的存在。

💡 联系实际

将塑料挂钩的吸盘贴在光滑的墙上可以挂东西。

22 会喝水的杯子

实验器材

浅盘子,蜡烛,火柴,比蜡烛高的透明玻璃杯,水(可添加色素)。

实验步骤

1. 将蜡烛固定在盘中后点燃蜡烛,将水倒入浅盘里。
2. 将玻璃杯倒扣住点燃的蜡烛,观察现象。

现象解释

蜡烛会慢慢熄灭，杯中的水面会上升。杯子倒扣在点燃蜡烛的上方，蜡烛被杯子和水隔绝了外界的空气。蜡烛燃烧时需要消耗杯中的氧气，蜡烛因氧气消耗殆尽而熄灭。杯中的氧气被消耗后，气压会减小，当杯内的气压小于杯外的大气压时，气压差使水进入杯子向上运动。

联系实际

活塞式抽水机和离心式水泵利用大气压工作。下图示意的是活塞式抽水机的工作过程，即吸水、提水和出水。红色表示单向阀门。黑灰色箭头表示大气压力，红色箭头表示活塞运动的方向，白色箭头表示水的流向。

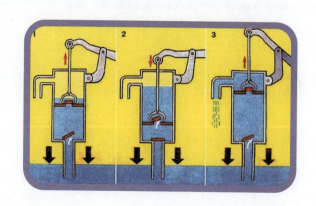

下图示意的是离心式水泵的工作原理：叶轮高速旋转时泵壳中的水被甩出，水流向上进入泵壳。

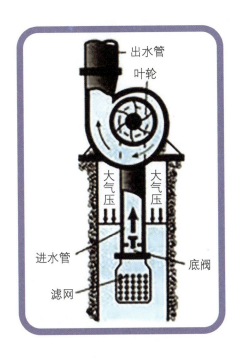

23 瓶子吞鸡蛋

实验器材

宽口玻璃瓶（瓶口比熟鸡蛋略小），去壳熟鸡蛋，纸巾，火柴（或打火机）。

实验步骤

1. 将纸巾折成长条状，并点燃。
2. 纸巾燃烧比较旺盛时（注意安全），把纸巾丢进干燥的瓶子中。

3. 迅速用熟鸡蛋堵住瓶口不让空气进入。观察现象。

现象解释

把燃烧的纸条丢进瓶中，用鸡蛋迅速堵住瓶口，燃烧的纸条会耗尽瓶中的氧气，导致瓶子内部气压小于外部大气压。此时，瓶子内外的压强差把鸡蛋推进瓶子中。

注意事项：进行此实验必须有成年人在场监护。

联系实际

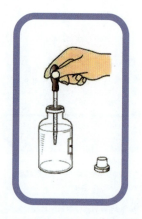

用滴管吸取药液是利用了大气压

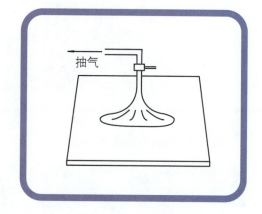

吸盘能吸附在物体上也是利用了大气压

24 小试管爬升实验

实验器材

大试管，小试管（要能装进大试管中），水（可加色素）。

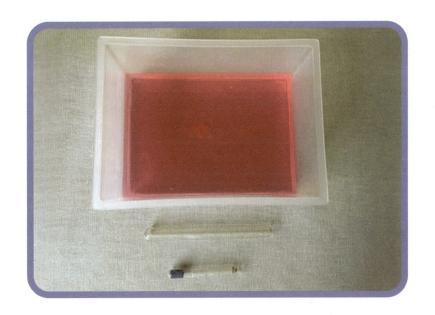

实验步骤

1. 将大试管内装满水，然后套入小试管，小试管的管口对外。
2. 手拿大试管并倒立放置，管口向下。观察现象，思考原因。

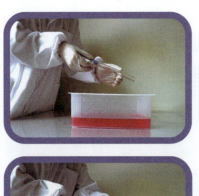
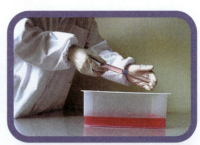
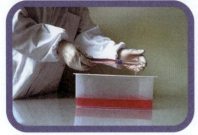
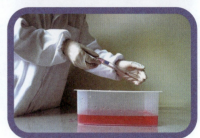

现象解释

水从两个试管的间隙流出，同时小试管逐渐上升到大试管的顶部。因为小试管下部与大气接触，小试管上部受到水向下的压力。大试管内水柱的高度不大，远远小于10米。标准大气压强相当于约10米高水柱产生的压强，所以小试管受到大气向上的压力大于试管上方水柱产生的向下压力，小试管受到的合力向上。小试管在向上合力的作用下，向上运动，并且把大试管中的水从两试管的间隙中挤出。此实验证明了大气压的存在。

联系实际

汽车制动系统中的制动器通常会用大气压力来控制制动力度。当驾驶员踩下刹车踏板时，制动器就会利用大气压力使制动器的钳子夹紧车轮，从而制动车辆。

25 伯努利原理的实验

两张纸。

1. 手拿住两张纸，往两张纸中间吹气。
2. 观察两张纸的运动状态，并思考原因。

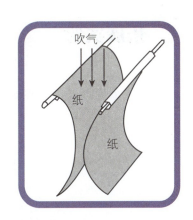

现象解释

因为两张纸中间的空气被我们吹得流动速度快，纸之间的压力变小，而两张纸外面的空气没有流动，压力大，所以外面力量大的空气就把两张纸"压"在了一起。这就是"伯努利原理"的简单示范。

联系实际

在列车（地铁）站台上都画有黄色安全线，候车时，不可以站在安全线内。这是因为列车高速驶来时，靠近列车车厢的空气被带动而快速流动起来，压强就减小，站台上的旅客若离列车过近，身体前后会出现明显的压强差，旅客会被身体后面较大的压力推向列车而造成伤害。

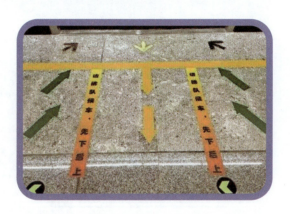

拓展实验

将两个乒乓球如下图放置，用吸管对着两个球中间的位置吹气，观察现象并解释原因。

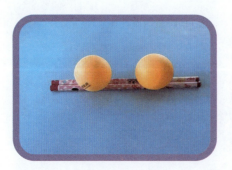
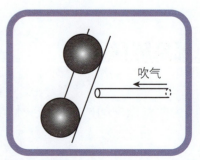

26 让纸杯飞起来

实验器材

吹风机（实验中始终使用凉风），纸杯若干。

实验步骤

1. 把纸杯一只一只叠起来，纸杯口向上拿在手中。

2. 用吹风机平行于杯口向最上方的纸杯吹风，观察现象，思考原因。

3. 慢慢下移吹风机，继续平行于杯口吹风，观察纸杯是否会一个接一个地飞出去。

现象解释

纸杯上、下表面空气不流动时，上、下表面受到的压强相等，此时纸杯不动；当吹风机平行于杯口并朝杯口上方吹风时，杯口上方的空气流速变大，压强变小，使纸杯上方压强小于纸杯下方压强，当压力差大于重力时，纸杯就自动飞出去了。

联系实际

飞机为什么能够飞上天？因为机翼受到向上的升力。飞机飞行时，机翼

周围空气的流线分布因机翼横截面的形状而上下不对称，机翼上方的流线密，流速大；下方的流线疏，流速小。由伯努利方程可知，机翼上方的压强小，下方的压强大。这样就产生了作用在机翼上的向上的升力。

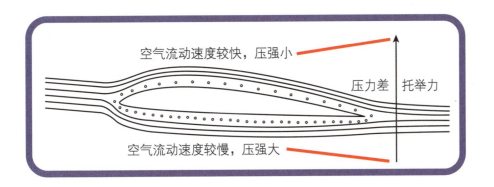

27 不下落的乒乓球

 实验器材

矿泉水瓶,乒乓球,电吹风(实验过程中始终使用凉风)。

 实验步骤

1. 用剪刀从中间剪开矿泉水瓶,保留上半部分。

2. 将半个矿泉水瓶的大口向下,小口向上。

3. 将乒乓球从大口放入,用一只手的手指顶住乒乓球,使乒乓球紧贴在上方的瓶口处。

4. 用电吹风对着小口向瓶内吹风。

5. 放开手，观察乒乓球是否被吸在瓶口处。

现象解释

高速气流从瓶口进入时，在乒乓球上方的区域产生了低压。当乒乓球下部的气压大于上部的气压时，就出现乒乓球被顶住，不会掉下来的现象了。这也是伯努利原理的运用。

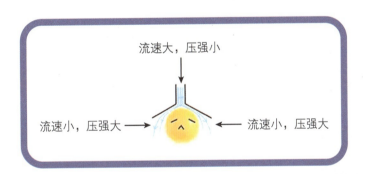

联系实际

喷雾器和汽车发动机的汽化器都是利用伯努利原理制成的。当空气从喷雾器的小孔迅速流出，小孔附近的压强小，容器里液面上的空气压强大，液体沿小孔下边的细管升上来，从细管的上口流出后，经空气流的冲击，就被喷成了雾状。

趣味科普小实验

28 水冲不走的乒乓球

实验器材

乒乓球，水，水盆，水杯。

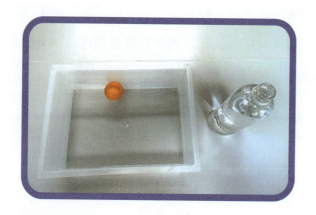

实验步骤

1. 将乒乓球放置在水盆中间。
2. 从乒乓球顶端竖直向乒乓球淋水，观察乒乓球的运动情况。
3. 打开水龙头，把乒乓球放在水流下方，改变水流的大小，观察球的运动状态。

现象解释

通过上面的实验我们发现，尽管乒乓球很轻，但却没有被水流冲走，而且水流越大，乒乓球位置越稳固。从球的正上方淋水，球两侧水流速度一样，两侧受到的压强相等，此时球几乎不动。当水流偏向一侧时，这一侧水流速度相对快，另一侧水流速度相对慢，流速慢的一侧压强大，把球压向流速快的一侧。根据伯努利原理，流体速度越大，压强越小。流体既可以是气流，也可以是水流。

联系实际

1911年秋天，远洋客轮"奥林匹克"号在海上航行着，同时在离它100米远的地方，有一艘比它小得多的防护巡洋舰"豪克"号几乎跟它平行疾速行驶着。但是，小船好像突然受到了某种不可见的力量推动，扭转船头朝向大船，并且不服从舵手操纵，直接向大船冲来。最终"豪克"号把"奥林匹克"号的船舷撞出了两个大洞。现在航海上把这种现象称为"船吸现象"。

趣味科普小实验

29 向上跑的乒乓球

实验器材

乒乓球若干，电吹风（实验中始终使用凉风），约 20 厘米长的圆筒（两端开口，口径比乒乓球直径略大）。

实验步骤

1. 将圆筒倾斜放置，下端套住乒乓球。
2. 如图，在圆筒上端口用电吹风吹风。

3. 观察筒内乒乓球的运动状态,并思考原因。

现象解释

根据伯努利原理,流体速度越大,压强越小。圆筒上端气体流速快,压强变小,下端的气压大于上端的气压,就把乒乓球顶了上来。

联系实际

台风吹垮大桥也是"伯努利原理"的作用:台风经过大桥,会从桥面上和桥洞里吹过。由于桥洞相对于桥面较小,所以风经过的时候,风速较快,压强较小,而桥面上的风速较慢,压强较大。这样,就产生了压强差。桥梁如果承受不了这样的压力,就会被压垮。

30 软吸管扎进土豆

 实验器材

吸管,土豆。

实验步骤

1. 把吸管竖直放在一颗土豆表面。

2. 把吸管用力往土豆里面扎,会发现吸管无法扎入土豆里,而且吸管弯折了。

3. 换一根新的吸管,用大拇指堵住吸管顶部,竖直方向用力把吸管扎进

土豆。注意，要全程保持大拇指完全堵住吸管顶部的状态。

4.为了验证吸管是否真的扎进了土豆里，可以将吸管往上提，观察土豆是否会被提上来。

现象解释

当空气被压缩时，体积会变小，压强会变大。在第一次实验中，吸管末端未用拇指堵住，此时吸管内空气和外界处于流通状态，吸管内外压强相等。因为吸管本身质地较软，因此其压力不足以扎入土豆里面。在第二次实验中，当用大拇指堵住吸管末端后，吸管内空气被隔绝在里面，吸管内的空气因被挤压，体积变小，压强变大，形成一股力，这股力使得吸管变得坚硬且能扎进土豆里。

联系实际

生活中有许多压缩空气的运用，如气锤、喷雾器、气垫船、气垫悬浮列车、气枪、橡皮艇、气压铆钉枪、汽车上的气压开关门等都是利用压缩空气来工作的。

气垫船

常见的例子还有自行车打气筒和汽车轮子，充的都是压缩空气。汽车的空气悬挂也利用了空气可以被压缩的原理。家用制氧机先是用空气压缩机将空气压缩，然后再用吸附剂吸收压缩空气中的氮气，剩下的氧气输出，实现空气的分离。家具喷漆也是用压缩机将空气压缩，然后压缩的空气与油漆接触，带动油漆喷出。

第二篇
热、分子力的作用、光

31 能抓着气球的杯子

实验器材

气球，一次性纸杯，装有约 70 摄氏度热水的保温杯（需注意安全，谨防烫伤），水杯。

实验步骤

1. 将热水倒入一次性纸杯，停留约 30 秒。

2. 将一次性纸杯的水倒入水杯中，之后迅速将一次性纸杯倒扣在吹好气的气球上，杯口紧贴气球。

3. 过一会，待一次性纸杯冷却后，倒着提起一次性纸杯，观察气球是否会被吸起来，并思考原因。

现象解释

纸杯冷却后，纸杯里的压强减小，因为气球外部的压强大于纸杯里的压强，所以气球被纸杯吸住。

联系实际

人们熟知的"拔火罐"是中医治疗方法之一，以罐为工具，罐内空气受热膨胀导致部分气体逸出，当罐口紧贴皮肤时，罐内空气温度降低，压强减小，内外气压不平衡，因大气压的作用，皮肤和火罐被紧压在一起，达到温经通络、消肿镇痛等功效。

32 冷、热水的扩散

实验器材

一杯冷水,一杯热水,墨水。

实验步骤

1. 将墨水分别滴入热水和冷水中。
2. 观察两杯水中墨水的扩散速度,思考原因。

现象解释

墨水从高浓度区域向低浓度区域转移，直到均匀分布的现象，被称为扩散现象。扩散的快慢跟温度有关，温度越高，扩散得越快，温度越低，扩散得越慢。

联系实际

1. 分子扩散在生活中的应用

（1）腌制菜肴

将准备腌制的菜洗干净，切成条状或小段，将干辣椒切丁、生姜切末，准备一些八角、桂皮；将腌菜用的瓶子清洗干净；将菜放入瓶中，撒入辣椒、姜、五香粉，再撒入食盐，放入八角、桂皮等。菜装好后，封好瓶盖。随着时间的推移，盐、五香粉等佐料的分子就会由于扩散现象进入到菜中，可口的腌菜就制作好啦。

（2）清洁除臭

厨房中存在各种刺激性气味，如洋葱味、大蒜味、鱼腥味、油烟味和其他气味，卧室、客厅和卫生间可能有烟味、霉味，办公室、酒店等一些通风不畅的场所也可能存在一些难闻的气味，令人感觉不舒服。将一盒固态空气清新剂启盖后放在上述环境中，过一段时间上述异味就闻不到了，还可以闻到很好闻的香味。这是因为固体清新剂中物质的分子由于扩散现象散发到空气中，掩盖了原来的气味。

2. 分子扩散在医疗上的应用

血液透析是治疗急、慢性肾功能衰竭和某些急性药物、毒物中毒的有效方法。

3. 分子扩散在农业生产中的应用

农业中，为了达到增产丰收的目的，农民要在种了庄稼的地里施撒化肥，这些化肥（氮、磷、钾）进入土壤中后，会溶解于土壤的水分中，这些含有的氮、磷、钾的溶液分子在土壤中进行扩散，被庄稼吸收，以利生长。

黑色比白色吸热

 实验器材

两个完全相同的透明塑料瓶（瓶盖钻孔），一黑一白同样大小的两张纸，两个相同的温度计。

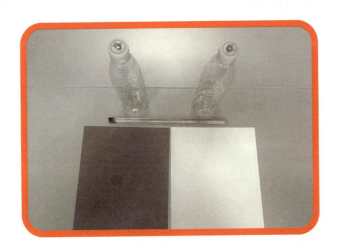

实验步骤

1. 在塑料瓶身外面分别包裹上黑色和白色纸，并贴上胶带加以固定。
2. 向两个瓶里装入同样多的水，每个瓶装大半瓶水。
3. 在两个瓶盖上分别插入相同的温度计，温度计的液泡必须充分浸入

水中。

4. 等温度计的读数稳定后，观察并记录此时水的温度，此温度为初始温度。

5. 把两个塑料瓶同时置于阳光下的同一位置，放置3小时。

6. 3小时后，再观察两个温度计的示数并记录，比较此时温度计读数的差异，分析其原因。

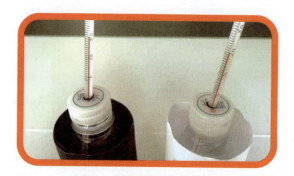 

	初始时间	初始温度	终止时间	终止温度
外包黑色纸矿泉水瓶	上午11点30分	20摄氏度	下午2点30分	45摄氏度
外包白色纸矿泉水瓶	上午11点30分	20摄氏度	下午2点30分	38摄氏度

现象解释

物体吸热量与其颜色有关，黑色物体比白色物体在相同条件下吸热量多。

太阳光分为可见光和不可见光，可见光通常认为包括7种颜色的光。人们看到的物体颜色实际上是这个物体反射的光的颜色，如我们看到的红色物体，其实是因为光线中的其他颜色都被物体吸收了，只有红色被反射回来的原因。而黑色物体吸收所有颜色的光，白色物体则反射所有颜色的光，所以黑色比白色吸收了更多的热能。

 **联系实际**

太阳能热水器的集热管镀的是深色材料。

趣味科普小实验

34 铅笔穿水袋不漏水

实验器材

透明的塑料袋,削尖的铅笔,水。

实验步骤

1. 往袋子里装水,将铅笔快速插入袋子,并穿过袋子。
2. 观察袋子有没有漏水,并思考原因。

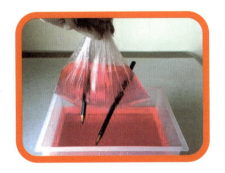

现象解释

塑料是长链高分子聚合物，虽不如橡胶那样具有极大的弹性，但在自身的弹性限度内仍有良好的弹性。当尖锐的铅笔穿过水袋后，破口处的塑料会紧紧收缩而箍住笔杆，达到密封效果，使袋中的水不泄漏。一旦铅笔拔出，水就从破口中流出来。

联系实际

塑料有良好的柔韧性和弹性，运用领域较为广泛，包括电子电器领域（电缆护套、弹性按键）、工业制造领域（传送带、电梯滑道）、运动器材（各种球拍的手柄、运动护垫、潜水器材）和一些日常用品（洁具软管、手柄包覆层）等。

35 有孔的纸片托水

实验器材

瓶子,纸片,水,牙签。

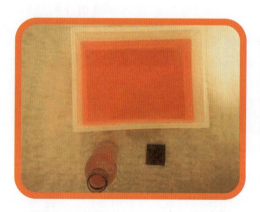

实验步骤

1. 将空瓶盛满水。
2. 用牙签在纸片上扎一些孔。
3. 用有孔纸片盖住瓶口。
4. 用手压住纸片,将瓶倒转,使瓶口朝下。
5. 将手轻轻移开,观察纸片及瓶中水的状态,思考原因。

第二篇 热、分子力的作用、光

现象解释

薄纸片能托起瓶中的水，是因为大气压强作用于纸片上，产生了向上的托力。小孔不会漏出水来，是因为水有表面张力，水在小孔的表面形成薄膜，使水不会漏出来。

联系实际

布做的雨伞虽然有很多小孔，但仍然不会漏雨。

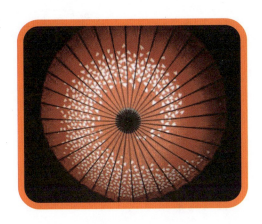

36 汇合的水流

实验器材

易拉罐,锥子(注意安全,需成年人看护),水。

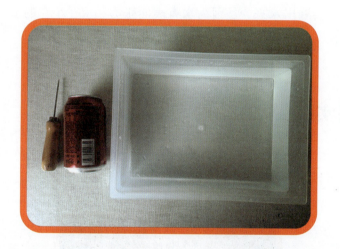

实验步骤

1. 在空的易拉罐底部用锥子钻3个小孔(小孔间隔在5毫米左右)。
2. 将罐内盛满水,会发现水流分成3股从3个小孔中流出。
3. 用大拇指和食指将这些水流捻合在一起。
4. 手拿开后,能观察到3股水流汇合成1股。

现象解释

水的表面张力使水流汇合在一起。

联系实际

干净的叶面上水珠呈球状，是因为表面张力会使液面收缩，使液面的表面积最小。

叶面上的水珠

蛛网上的水珠呈球状　　　航天员在太空演示液体的表面张力

37 "堆水"不溢

实验器材

玻璃杯,水,回形针。

实验步骤

1. 将玻璃杯加满水,使水面与杯口齐平。
2. 逐个缓慢向杯中加入回形针,观察水面形态变化,思考原因。

现象解释

水有一定的黏性和张力,当放入回形针的时候,水面升高,杯口边沿的水由于受到表面张力的作用而保持连接不脱离,从而形成了水面高于杯口边沿的现象。

联系实际

在太空中,重力消失后,表面张力更加突显。在天宫课堂的液体演示实验中,水在表面张力作用下将两个塑料板连接了起来。

拓展实验

此实验中的回形针可以用图钉或一角钱硬币替代,自己在家做做看吧。

38 破坏水的表面张力

实验器材

水，洗洁精，剪刀，瓦楞纸，纸片，滴管，镊子，水杯。

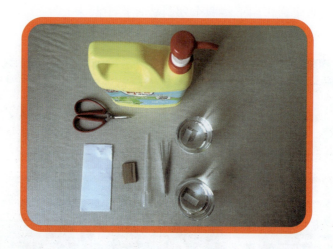

实验步骤

1. 将水分别倒入两只水杯中，用滴管向一杯水中滴几滴洗洁精，搅拌几下。

2. 用剪刀把瓦楞纸和纸片一分为二。

3. 把两片瓦楞纸分别放入两杯水中，观察现象。

4. 用镊子将两片瓦楞纸取出。

5. 将两块纸片捏成团分别放入两个水杯中。

6. 观察两个纸团的状态,并思考原因。

现象解释

普通纸张的密度比水低,所以受到水的浮力浮在水面。当纸张吸收水分后,密度变大,就会下沉。水杯中加入洗洁精后,水的表面张力受到破坏,使得纸片更容易吸收水分,所以会下沉得更快。

联系实际

洗洁精的主要成分是表面活性剂,它能降低水的表面张力,使水的表面张力接近于油,从而与油相互融合,形成水、油乳化液,乳化液能够溶于水。所以,洗洁精能把油从餐具或衣服上洗掉。

小朋友吹泡泡时,在肥皂水里加入少量洗洁精,降低水的表面张力,水没有足够大的张力去拉扯泡泡表面使其轻易破裂,就能吹出比较大的泡泡来了。

39 回形针浮在水面上

实验器材

水,回形针若干,镊子,碗。

实验步骤

将碗中盛上水,用镊子将回形针慢慢贴近水面放下,观察回形针是否能漂浮在水面上,并思考原因。

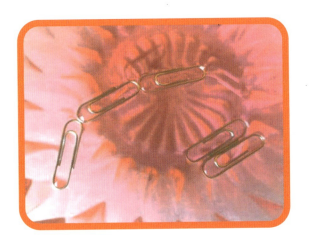

💡 现象解释

由于回形针是由金属制成的,其密度比水大,如果直接把回形针放进水里,它将会沉入水底。而当缓慢放入回形针时,水的表面张力使回形针不会下沉,且在竖直方向上的弹力和重力达到平衡。

💡 联系实际

小昆虫和蜥蜴可以在水面上行走,也是利用水的表面张力。

40 毛细现象

实验器材

餐巾纸，纱布，加入色素的两杯水。

实验步骤

1. 把餐巾纸折成长条状，一部分放入其中一杯水中，另一部分露出水面。
2. 将纱布折成长条状，一部分放入另一杯水中，另一部分露出水面。
3. 几分钟后，观察现象，并思考原因。

💡 现象解释

组成餐巾纸和纱布的材料都有细微的空隙,当它们跟液体接触时,就会有水分子沿着空隙上升,这种现象被称为毛细现象。在家里可以用娃娃菜代替餐巾纸重复上述实验。

💡 联系实际

植物根部吸收的水分能够经由茎内维管束上升,也是一种毛细现象。

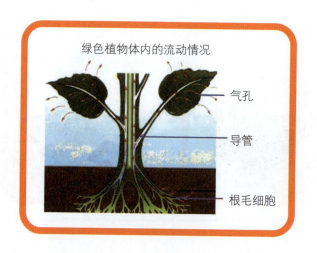

绿色植物体内的流动情况
气孔
导管
根毛细胞

  毛细作用虽然对植物吸水有一定的帮助，但是在农业生产中却会有一些负面影响。土壤里有很多毛细管，地下的水分可以沿着这些毛细管上升到地面上来。如果要保存地下的水分，就应当锄松地面的土壤，破坏土壤表层的毛细管，以减少水分的蒸发。

  建造房屋的时候，在杂石铺成的地基中，有又多又细的"毛细管"，它们会把土壤中的水分引上来，使得室内潮湿。建房时在地基上铺油毡，就是为了防止毛细现象造成的潮湿。

41 视觉暂留

第二篇 热、分子力的作用、光

实验器材

彩笔,筷子,胶水,白纸。

实验步骤

1. 将一张白纸从中间对折。
2. 在白纸的一面画只小鸟,另一面画个笼子。
3. 将筷子放在纸中间并用胶水粘牢。
4. 快速转动筷子,观察小鸟和笼子的状态。

现象解释

人眼在观察景物时，光信号传入大脑神经，需经过一段短暂的时间，光的作用结束后，视觉形象并不立即消失，这种残留的视觉称为"后像"，视觉残留的这一现象则被称为"视觉暂留"现象。快速转动铅笔时，画有小鸟的一面消失后，我们大脑中仍然保留着小鸟的印象，此时画有笼子的一面又映入眼帘，两个画面仿佛重合在了一起。动画片等影视作品正是利用了该原理而制作出来的。

联系实际

视觉暂留运用于影视剧的制作，电视每秒播放约25张图片，大脑产生视觉暂留现象，使人感觉画面中的物体是连续运动的。

拓展实验

圆盘绘图后旋转。

42 汤勺中的像

实验器材

不锈钢汤勺,笔,布偶。

实验步骤

1. 把不锈钢汤勺凸面正对布偶,会发现布偶在汤勺表面成一个正立、缩小的像;当布偶慢慢远离汤勺时,会发现在汤勺中成的像变小了。

2. 把不锈钢汤勺凹面正对布偶,会发现布偶在汤勺表面成一个倒立、缩小的像;当布偶慢慢远离汤勺时,会发现在汤勺中成的像变小了。

3. 将笔慢慢贴近汤勺凸面,会看到一个正立、放大的像。

现象解释

球面镜是利用光的反射成像的仪器，遵守光的反射定律，球面镜主要有凹面镜和凸面镜两种。凹面镜既可以成正立的像又可以成倒立的像，凸面镜只能成正立的像。

联系实际

凹面镜能够会聚光线，凸面镜能够发散光线。凹面镜既可以成正立的像又可以成倒立的像。奥运会火种的采集、汽车头灯的灯罩、医生检查耳道的额镜用的都是凹面镜。凸面镜只可以成正立的像。汽车的后视镜、道路转弯处的转弯镜都是凸面镜。

医生检查耳道的额镜

汽车的后视镜

道路转弯处的转弯镜

43 空杯变硬币

第二篇 热、分子力的作用、光

实验器材

水杯，硬币，水。

实验步骤

1. 将硬币放入水杯中，调节水杯的位置，使眼睛刚好看不到硬币。
2. 给水杯加水，直到硬币渐渐显露出来。

现象解释

光线在两种介质的分界面会发生折射。硬币通过水的折射而形成虚像，这一虚像比实际位置要高。

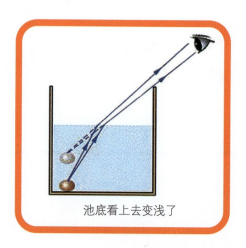

池底看上去变浅了

💡 联系实际

由于光的折射作用,池水看起来比实际的要浅。当你站在岸边,看见清澈见底、深不过腰的池水时,千万不要贸然下去,以免对水深估计不足,发生危险。

44 透明圆桶成像

实验器材

矿泉水瓶（或塑料桶），吸管，玩具，水。

实验步骤

1. 向矿泉水瓶中灌大半瓶水，将吸管放入瓶中，在瓶前面观察吸管，吸管好像在水面打弯了。

2. 将玩具靠近灌水的矿泉水瓶，透过矿泉水瓶观察玩具，可以看到放大了的玩具的像。

3.将玩具放置到离矿泉水瓶一定距离的位置上,直到看到一个左右方向相反的玩具的像,玩具离矿泉水瓶越远,所成的像就越小。

现象解释

装满水的矿泉水瓶相当于一个凸透镜。凸透镜对光有会聚作用,也能够成像。物体放在矿泉水瓶后面不同的位置,相当于物体与凸透镜的距离(即物距)不一样,成像的性质会发生变化。当物距小于一倍焦距时,成的是正立、放大的虚像;当物距在一倍焦距与二倍焦距之间时,成的是倒立、放大的实像;当物距大于二倍焦距时,成的是倒立、缩小的实像。当玩具与矿泉水瓶的距离发生变化时,观察到的像的性质也发生了变化。

联系实际

凸透镜的运用：

用于放大镜、天文望远镜、照相机、眼镜、幻灯片放映机等光学器材。

放大镜

天文望远镜

照相机

眼镜

第三篇 电与磁

45 棒吸易拉罐

实验器材

空易拉罐，塑料棒（或塑料梳子），毛皮（或干燥的软布）。

实验步骤

1. 用干燥的毛皮多次摩擦塑料棒。
2. 将塑料棒慢慢靠近易拉罐，观察现象，思考原因。

💡 现象解释

摩擦过的塑料棒带有静电，塑料棒吸引易拉罐使其移动。摩擦使物体产生静电，带电物体会吸引与它带相反电荷的带电物体或不带电的轻小物体。摩擦带电是指用一些易带电的材料相互摩擦，在两个摩擦体的表面上会出现带等量异种电荷的现象。

💡 联系实际

静电植绒、静电除尘、静电复印。

💡 拓展实验

水流变弯曲：用毛皮摩擦塑料棒，去靠近细水流，能发现竖直向下的细水流变弯曲。

46 自制验电器

实验器材

矿泉水瓶，铜丝，小金属箔片（锡纸），橡胶棒，毛皮，砂纸。

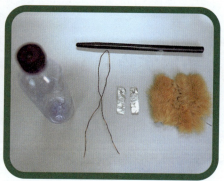

实验步骤

1. 铜丝对折。将瓶盖中间打个小孔，铜丝穿过小孔后，下端弯曲。
2. 用砂纸打磨铜丝下端弯曲部分和上端露出瓶盖的部分。
3. 下端弯曲部分挂上两片金属箔，盖好瓶盖。
4. 用毛皮摩擦橡胶棒，然后将橡胶棒接触瓶盖上的铜丝。
5. 观察金属箔状态，并思考原因。

现象解释

用毛皮摩擦过的橡胶棒带上了负电,与铜丝接触后,铜丝下端的两张金属箔也都带上了电。由于同种电荷相互排斥,所以下端的金属箔张开了。

联系实际

验电器是一种检测物体是否带电的仪器。当被检测物体接触验电器顶端的金属球时,自身所带的电荷会传到下面的金属箔片上。由于同种电荷相互排斥,箔片将自动分开,并张开成一定角度。

验电器

47 静电感应

实验器材

自制验电器，毛皮，橡胶棒。

实验步骤

1. 用毛皮摩擦橡胶棒。
2. 用摩擦过的橡胶棒靠近（注意：不是接触）验电器。
3. 观察验电器的两片金属箔是否张开。

现象解释

当一个小的不带电物体靠近一个有静电的物体时，由于静电感应现象，靠近有静电物体的一端会感应出与有静电物体相反的电荷，远离有静电物体的一端会带上与有静电物体相同的电荷。

联系实际

1. 飞机防止静电的方法

飞机金属裸线防止静电

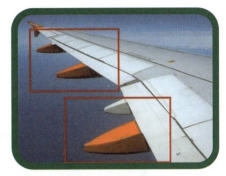

飞机机翼上的静电放电刷

2. 静电对生产生活的影响

（1）电视机的荧屏表面容易吸附灰尘，使电视的清晰度和亮度下降。

（2）混纺衣服上常出现不易拍掉的灰尘。

（3）印刷厂里，纸页之间因静电而黏合，给印刷带来不便。

（4）制药厂生产时，因静电吸引尘埃，使药品达不到标准纯度。

（5）给汽车加油时，静电火花可能引起火灾。

（6）医院手术台上，静电火花可能会引起麻醉剂爆炸。

（7）煤矿里，静电火花可能会引起瓦斯爆炸。

（8）在航天工业里，静电放电可能会干扰航天器的运行，甚至会造成火箭和卫星的发射失败。

48 跳舞的小纸屑

实验器材

气球，毛皮，纸屑。

实验步骤

1. 用毛皮摩擦气球，去吸引纸屑。
2. 观察纸屑是否被吸引，并思考原因。

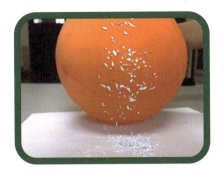

现象解释

摩擦过的气球带有静电，静电可以吸引轻小物体。

塑胶制品、塑料梳子、毛衣类物品经过摩擦容易产生静电。静电是指一种处于静止状态的电荷。当电荷聚集在某个物体表面时就形成了静电，而电荷分为正电荷和负电荷两种，也就是说静电现象也分为两种：正静电和负静电。当正电荷聚集在某个物体上时就形成了正静电，当负电荷聚集在某个物体上时就形成了负静电。但无论是正静电还是负静电，当带静电物体接触零电位物体（接地物体）或与其有电位差的物体时都会发生电荷转移，就是我们常见的火花放电现象。例如冬天天气干燥，人体容易带上静电，当接触他人或金属导电体时就会出现放电现象，人会有触电的针刺感。

联系实际

增加空气湿度可以减少静电荷的积聚，具体做法有：在家里洒些水，或放置一两盆清水，使用加湿器，摆放花草或在室内饲养观赏鱼。为避免静电击打，可用小金属器件（如钥匙）、棉抹布等先碰触大门、车门把、水龙头、椅背、床栏等消除静电，再用手接触。

49 旋转的纸条

实验器材

纸杯,削好的铅笔,折叠好的长纸片,橡胶棒,毛皮。

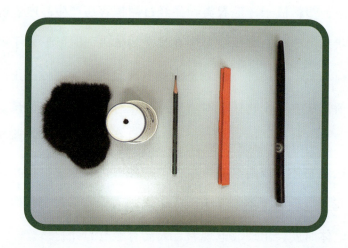

实验步骤

1. 将铅笔插入倒置的纸杯中,尖头朝上。
2. 将折叠好的长纸片如图所示放在铅笔的上端(注意找好平衡点)。
3. 用毛皮摩擦过的橡胶棒靠近长纸片的一端,观察现象。
4. 橡胶棒吸引纸片,观察是否能使纸片旋转,并思考原因。

现象解释

摩擦过的橡胶棒带有静电，静电对纸条产生力的作用。当纸条的受力方向跟纸条的重力作用线不重合时，纸条就会旋转。

联系实际

指南针：由于地球本身是一个巨大的磁体，磁针会受到一个力矩的作用，使其与地球的磁场方向对齐。磁针的一端指向地磁南极，另一端指向地磁北极。

50 制作水果电池

实验器材

铜片，锌片，带鳄鱼夹的导线，发光二极管（即LED，其引线一长、一短），西红柿（也可以用土豆、柠檬、菠萝、橘子或苹果代替）。

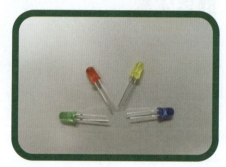

实验步骤

1. 切开西红柿，将一个铜片和一个锌片插入西红柿中（注意：铜片和锌片不能接触）。

2. 用导线将插好的铜片和锌片依次连接。

3. 留出一个铜片的接线端和一个锌片的接线端。

4. 用导线将铜片接线端与LED的长引线相连，锌片接线端与LED的短引线相连（注意：不能接反）。

5. 观察 LED 的发光情况。

注意：做过实验的水果不能食用！

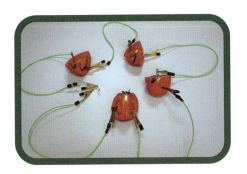
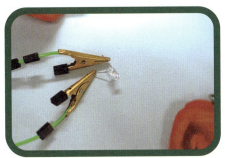

现象解释

水果电池由水果、金属片和导线制作而成。需要活动性强弱相差较大的金属片，一般采用的是铜片和锌片。由于锌片的活动性较强，易失去电子，因此作为负极。相对而言，铜片的活动性较弱，不易失去电子，因此作为正极。铜片和锌片通过电解质（水果中富含的果酸）和导线构成闭合回路，铜片附近的果酸中的氢离子接受电子产生正电荷，锌片失去电子产生负电荷，因此闭合回路中能够产生电流。若在该电路中再连接一个 LED 灯泡，灯泡便可以发光。

联系实际

水果电池的优点在于水果发电技术是一种绿色的能源。相较于化石能源的使用，它无需消耗大量的矿物资源，也不会排放大量的二氧化碳和其他污染物，从而减少了对环境的负面影响，符合当今绿色环保的理念。

其次，水果电池可以作为一种应急电源。在一些特殊情况下，比如地震、洪水等自然灾害，或者是户外野营等情况下，电力供应不足或无法接入电网时，水果发电技术可以通过简单的装置和操作，为人们提供一定的电力。

总的来说，水果电池虽然发电量较小，但由于其简单易用、绿色环保、易于制作等特点，在特定场景下仍然有着一定的应用价值。

51 学会连接电路

实验器材

电池，电池盒，小灯泡，开关，导线。

实验步骤

1. 把电池装入电池盒里，注意电池的正负极不能接反。
2. 依次摆放好电池盒、小灯泡、开关。
3. 断开开关。
4. 从电池的正极接线柱开始连接导线，依次通过小灯泡、开关，最后连接到电池的负极（导线的裸线与接线柱紧密接触）。
5. 检查好接线后，闭合开关。

6. 观察灯泡发光情况，如果不发光，重新检查接线情况和灯泡的安装情况。

7. 断开开关，卸下电池，拆除导线。

现象解释

基本电路由电源（电池）、用电器（灯泡）、开关和导线组成。电流通过导线从电源的正极依次通过用电器、开关，最终回到电源的负极，组成一个闭合回路。当电路处处相通时，电路中有电流通过；当电路某处断开时，电路中没有电流通过。

联系实际

试着去了解家庭电路的基本原理，了解什么是"电能表"和"断路器"，学习如何安全地使用和更换用电器。

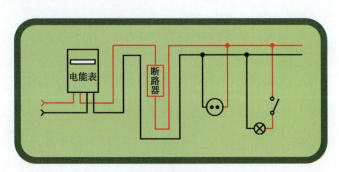

家庭电路组成

52 检测材料的导电性

实验器材

电池盒，小灯泡，开关，导线，塑料吸管，铜片，铁片，牙签，铅笔芯，生锈的铁钉（需注意安全）。

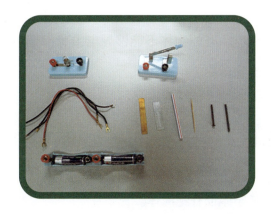

实验步骤

1. 用一根导线把电池、开关和灯泡的一端连接起来。
2. 将电池、灯泡各留一个接线端。
3. 分别将塑料吸管、铜片、铁片、牙签、铅笔芯、生锈的铁钉通过电路的两个接线端接入电路，闭合开关，观察灯泡的发光情况。

4.当接入铜片、铁片、铅笔芯时,灯泡是亮的,说明铜片、铁片、铅笔芯是导电的。

5.当接入塑料吸管、牙签、生锈的铁钉时,灯泡是不亮的,说明塑料吸管、牙签、生锈的铁钉是不导电的。

6.断开开关,把电池卸下,将导线拆除。

现象解释

有的物体能够导电,有的物体不能够导电。我们把能够导电的物体称为导体,不能够导电的物体称为绝缘体。

联系实际

电工工具中既有导体也有绝缘体。

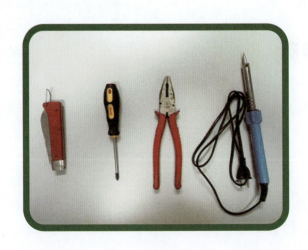

53 认识磁性物体

实验器材

条形磁铁，马蹄形磁铁，小磁针，大头针。

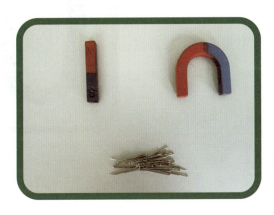

实验步骤

1. 观察小磁针静止时的状况，发现小磁针无论放在何处，静止时始终指向南北方向。指向"S"的是南极，指向"N"的是北极。
2. 用条形磁铁的一端去接触大头针，观察大头针是否被条形磁铁吸引。
3. 用马蹄形磁铁去接触大头针，观察大头针是否被马蹄形磁铁吸引。
4. 使两个异名磁极相互靠近，观察现象。

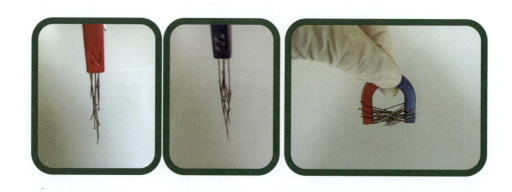

现象解释

针形磁铁在静止时总是指向南北两极。磁铁能够产生磁场，具有吸引铁、镍、钴等金属的特性。磁铁两端的磁性最强。同名磁极相互排斥，异名磁极相互吸引。

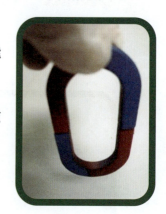

联系实际

冰箱门密封：冰箱门通常会有一块磁铁，它能够吸附在冰箱门框上，起到密封的作用。

磁性贴纸：它是一种能够吸附在金属表面的贴纸，通常由磁铁和可印刷表面材料组成，可以用于制作冰箱贴。

磁性门吸：它由磁铁和金属片组成。磁铁吸附在金属片上，起到固定门的作用。

磁性玩具：它是通过磁铁相互吸附构建的玩具。

54 通电线圈和磁性

实验器材

长导线，指南针，电池，导线，灯泡，开关。

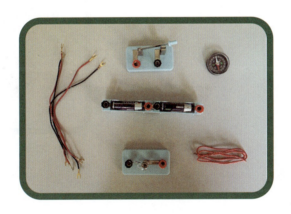

实验步骤

1. 用导线将电池、开关、灯泡依次连接，留出两个接线端。

2. 用长导线做一个线圈。将长导线在手指上绕 5—10 圈取下，固定线圈和引出的线。线圈制作完成。

3. 线圈<u>直立放置</u>，指南针平放，将指南针套入线圈中。

4. 将线圈的引出线接入电路的两个接线端。

5.闭合开关后,观察指南针是否发生偏转,并思考原因。

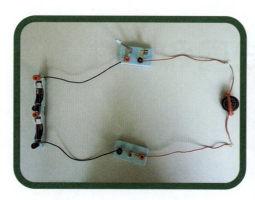 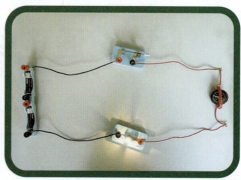

现象解释

线圈通电后,有磁场产生。线圈的磁场跟指南针的磁场发生相互作用,使指南针发生偏转。

联系实际

电磁起重机

通电线圈可以制作成起重通电螺旋管,用作起重装置来吊运钢锭、钢材、铁砂等铁磁性材料。

通电线圈可以制作成制动通电螺旋管,用于对电动机进行制动以达到准确停车的目的。

55 自制电磁铁

实验器材

铁钉，铜丝线（或其他金属导线），铁粉，砂纸，电池，小灯泡，开关，导线。

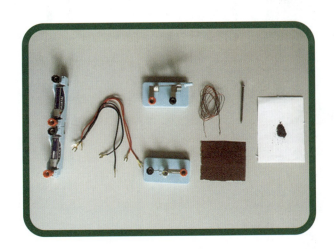

实验步骤

1. 将铜丝线（或其他金属导线）从铁钉的一端沿着一个方向绕20—60圈，相邻的两圈（匝）要紧密接触。绕的圈数越多，通电后磁性会越强。

2. 两端留出4—6厘米长的引线，固定在接线柱上。

3.用砂纸打磨两个线头,去掉绝缘部分。电磁铁制作完成。

4.把制作好的电磁铁接入电路,让电磁铁的一端去接触铁粉。观察是否有铁粉被吸引上来,并思考原因。

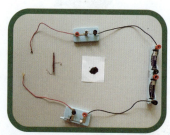

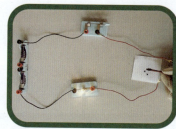
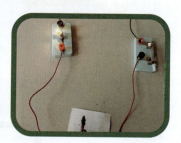

现象解释

电磁铁通电后有磁性,能够吸引铁粉等铁质物质。

联系实际

线圈通电后有磁性。加入铁芯的线圈称为螺线管,通有电流的螺线管叫作电磁铁,在线圈中加入铁芯后,线圈的磁性会增强。铁芯要用既容易磁化、又容易失去磁性的软铁或硅钢来制作。这样的电磁铁在通电时有磁性,断电后磁性就随之消失。电磁铁有许多优点:电磁铁磁性的有无可以用通、断电流来控制;磁性的大小,可以用电流的强弱或线圈的匝数来控制。电磁铁是电流磁效应（电生磁）的一个应用，与生活联系紧密，如电磁继电器、电磁起重机、磁悬浮列车等。

磁悬浮列车

56 自制简易电动机

实验器材

长约1.2米、直径约0.5毫米的漆包线，1号电池，回形针，透明胶，磁铁，老虎钳。

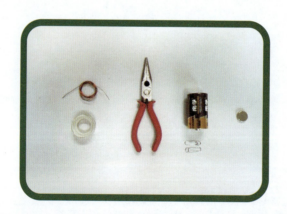

实验步骤

1. 将漆包线在圆形物体的外径上沿同一个方向缠绕10—15圈，两端各留出约6厘米的线头。

2. 取下导线，两段导线从线圈正中水平位置拉出并打结，充当转轴。

3. 转轴一端用剪刀刮去全部绝缘漆，另一端刮去一半绝缘漆（注意：这一端千万不能把绝缘漆全刮掉）。

4. 用老虎钳将两个回形针掰直制作成支架，与转轴接触的地方做成V形或圆圈型。

5. 用胶带把两个支架分别固定在电池的正负极上，注意位置对称。

6. 在电池上安放磁铁。

7. 将绕好的线圈放在支架上，调节平衡后，观察线圈是否开始转动。

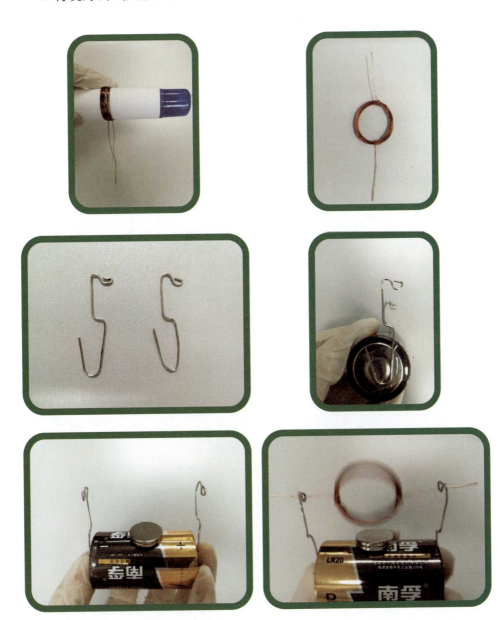

现象解释

导线（线圈）通电会产生磁场，通电线圈产生的磁场跟磁铁的磁场有相互作用，使通电线圈发生转动。

联系实际

电动机在日常生活中有广泛的应用，利用电动机带动动作的用电器有电风扇、洗衣机、油烟机等。

注意事项：

1. 小电机的电流很大，运转时间控制在 30 秒内为宜。
2. 进行此实验需要有成年人在场看护。
3. 磁铁磁性较强，请远离磁卡、手机、相机或其他电子设备。

57 电动小刷子

实验器材

刷子，带开关的电池盒，5号电池，小马达，小风扇，透明胶。

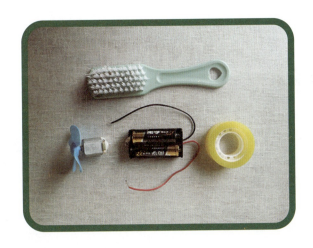

实验步骤

1. 将电池装入电池盒中。

2. 在刷子的背面用透明胶固定电池盒，在刷子的顶端用透明胶固定小电扇。

3. 将电池的两个接线端跟小马达的两个

接线端相连（注意，接线时顺时针方向拧线，把导线变成一股，再接线）。

4. 打开开关，风扇转动，带动刷子运动。

小电扇高速转动时会产生振动，电扇的振动带动刷子的振动，刷子毛产生形变，形变的恢复力作用于桌面，桌面的反作用力推动刷子运动。

注意事项：本实验可能因为刷子的质量大或桌面不太光滑影响实验效果。可以改用质量小的刷子或者将电池拿在手中做实验，因为刷子运动的速度较慢，这样操作可行。如果对换小电机的接线方式，刷子的运动方式也会发生变化。

各种电动小玩具的动力装置就是上述实验的装置。

58 电动小船

实验器材

矿泉水瓶，瓶盖，胶枪，小刀（须注意安全），冰棒棍，两边能带动转轴转动的小马达，长约8厘米的细棒，电池盒，5号电池，透明胶，硬纸片。

实验步骤

1. 如图所示，在矿泉水瓶上画上长方形标记，切下做标记的部分（沿圆边长切下约8厘米，另一边长切下约10厘米）。

2. 分别在2个瓶盖上等分的位置切6个口子用于插冰棒棍，瓶盖的中心钻个小孔。

3. 把冰棒棍对折分开，用胶枪把冰棒棍固定在瓶盖的切口位置上。

4. 用胶枪把细棒固定在瓶盖的中心。

5. 用透明胶把两个矿泉水瓶粘在一起。

6. 在两个矿泉水瓶的中间位置垫上硬纸片，并用透明胶固定。

7. 将做好的两个船桨与小电动机连接。

8. 把电动机和电池安放在船体的中间位置，并用透明胶固定，注意保持船体的平衡。

9. 断开开关，用导线连接电池与电动机。

10. 闭合开关，电动机带动船桨运动，把船放在水中，船就会动起来。

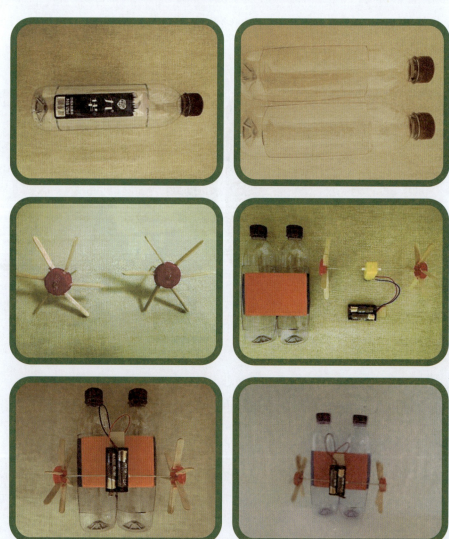

现象解释

闭合开关,电机带动转轴转动,转轴带动船桨运动。船桨运动时,给水一个作用力,由于力的作用是相互的,所以水对船有力的作用,使船有向前运动的动力。

联系实际

有些船的动力系统是靠电动马达提供动力的。

注意事项:本实验过程中使用了小刀,有一定危险,需由成年人在场监护。

第四篇
物质的变化

59 淀粉变色实验

实验器材

培养皿，淀粉，米饭，碘酒，滴管（可用吸管代替）。

实验步骤

1. 在一个培养皿里放上一小团米饭，用滴管汲取碘酒，往米饭上滴3—4滴，观察米饭的变化。

2. 在另一个培养皿里放约20克淀粉，同样用滴管往上滴碘酒3—4滴，观察淀粉的变化。

现象解释

淀粉与碘混合后,产生了新物质,改变了吸收光的性能而发生了颜色的变化。

联系实际

面粉、大米等主食富含淀粉。根茎类食物,如土豆、芋头、甘薯、南瓜、莲藕等也含有较多的淀粉。豆类食物,比如豌豆、绿豆、红豆等也含有不少淀粉。在烹饪中用来勾芡的淀粉就是从玉米、甘薯等含淀粉多的作物中提取的。它们可直接食用,也可用于酿酒,同时还可以做成烹调辅料,在烹饪中具有无可替代的作用。

实验报告示例

米饭、淀粉和碘酒实验报告

姓名_____ 班级_____ 时间_____

实验名称	淀粉变色实验
实验器材	培养皿 2 只，淀粉 20 克，米饭少许，碘酒 1 瓶，滴管 1 支
实验猜测	米饭和淀粉里滴上碘酒，米饭就不能吃了，淀粉也不能使用了，米饭和淀粉变成了新物质。
实验过程	1. 在一个培养皿里放上一小团米饭，用滴管汲取碘酒，往米饭上滴 3—4 滴，观察米饭的变化。 2. 在另一个培养皿里放约 20 克淀粉，同样用滴管往上滴碘酒 3—4 滴，观察淀粉的变化。
观察现象	米饭、淀粉滴上碘酒之后，颜色变成了蓝色。
实验结论	滴上碘酒后的米饭和淀粉的颜色都变成了蓝色，这种蓝色的物质是不同于米饭和淀粉的新物质。

60 牛奶遇上可乐

实验器材

牛奶，可乐。

实验步骤

牛奶加入可乐中，会产生絮状沉淀物。观察并思考原因。

现象解释

牛奶的主要成分为蛋白质，蛋白质只有在合适的酸碱条件下才会呈现为溶液。可乐是酸性的，蛋白质遇酸会变性，生成叫作"酪蛋白"的沉淀物。此外，可乐中的磷酸根离子也会跟牛奶中的钙离子反应，生成磷酸钙。

💡 **联系实际**

牛奶和柠檬、牛奶和白醋不宜一起食用。

61 用紫甘蓝自制酸碱指示剂

实验器材

杯子，纱布，苏打水，白醋，紫甘蓝。

实验步骤

1. 切少量紫甘蓝放入杯中。向杯中加水，浸泡 5 分钟。
2. 用纱布将浸泡出的紫甘蓝汁过滤，得到自制的紫甘蓝汁。
3. 将紫甘蓝汁分别倒入苏打水和白醋中，观察两个杯子中液体颜色的变化。
4. 白醋使紫甘蓝汁变成了红色，苏打水使紫甘蓝汁变成了蓝色。思考原因。

现象解释

紫甘蓝汁液遇到酸性物质会变成红色，遇到碱性物质会变成蓝色。

拓展实验

1. 将变红的白醋跟变蓝的苏打水混合，观察颜色的变化。
2. 分别将柠檬水与纯碱加入紫甘蓝汁中，观察颜色的变化。

联系实际

用紫薯也可以自制酸碱指示剂，动手试试吧。

62 吹气球实验

实验器材

矿泉水瓶，小苏打，醋，气球。

实验步骤

1. 将小苏打倒入气球中。
2. 将醋倒入矿泉水瓶中。
3. 用气球快速封住矿泉水瓶口。
4. 封好瓶口后，把气球里的小苏打倒入矿泉水瓶里。观察现象，思考原因。

现象解释

小苏打是碳酸氢钠，而醋里有醋酸，当两者混合在一起时，就会发生化学反应，生成二氧化碳气体。产生的二氧化碳气体就会使气球鼓起来。

联系实际

小苏打跟白醋混合会产生二氧化碳气体，可用于灭火。

63 二氧化碳灭火

实验器材

白醋，小苏打，杯子，蜡烛，火柴。

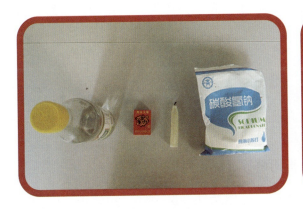

实验步骤

1. 用火柴将蜡烛点燃（注意安全）。
2. 向杯子中倒入白醋，大约没过杯底。
3. 取一勺小苏打放入白醋中，观察是否有泡沫产生。
4. 缓慢倾斜杯子，将泡沫倾倒到蜡烛上。注意不要倾倒液体。
5. 观察蜡烛是否熄灭，并思考原因。

第四篇 物质变化

现象解释

小苏打（碱性）与白醋（酸性）放在一起，会产生二氧化碳，火遇二氧化碳便会熄灭。

拓展实验

实验器材：蜡烛、小苏打、食用醋、火柴、勺子、杯子。

实验步骤：将蜡烛固定在杯子中，点燃蜡烛。倒一些食用醋于杯中，注意不要触及火焰。将小苏打撒在食用醋里，观察现象并思考原因。

💡 联系实际

二氧化碳泡沫灭火器。

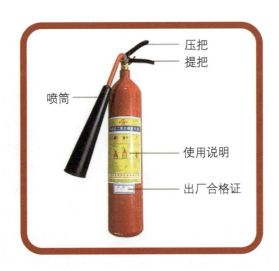

64 鸡蛋遇上白醋

实验器材

鸡蛋，小碗，白醋。

实验步骤

1. 在碗中加入少量白醋，使鸡蛋部分浸入醋中，部分在空气中。
2. 一小时后，观察鸡蛋有何变化。
3. 三小时后，观察鸡蛋有何变化。

现象解释

鸡蛋壳的主要成分是碳酸钙，白醋是弱酸性物质，两者相遇会发生化学反应，产生二氧化碳气体，附着在蛋壳上。

一段时间后，鸡蛋壳会变软，此时的鸡蛋变得富有弹性，像是某种橡胶玩具，可以随便揉捏。即使从一定高度落下，也不会轻易摔破。

65 柠檬汁作画

实验器材

柠檬，水杯，小毛笔，火柴，纸，水，蜡烛。

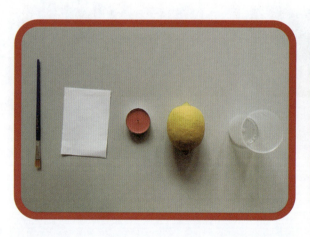

实验步骤

1. 柠檬对半切开，用手挤压柠檬，将柠檬汁挤入干净的水杯中，再加入少许水，搅拌混合均匀。

2. 用小毛笔蘸柠檬汁后，在纸上写字或画画。静置至柠檬汁完全干燥，用柠檬汁写的字或画的画就看不见了。

3. 用火柴点燃蜡烛，将纸靠近蜡烛，注意不要烧着。用柠檬汁写的字或画的画又神奇地出现在纸上了。

现象解释

柠檬汁的主要成分有柠檬酸。往柠檬汁中加入水稀释它，并将混合溶液涂抹在纸上，静置干燥后，便看不到柠檬汁的痕迹。而加热柠檬汁会导致其中的柠檬酸发生碳化反应，使之变成褐色。

联系实际

除柠檬汁外，蒜汁、洋葱汁也可以做隐形墨水。

66 自制汽水

实验器材

白糖，小苏打，柠檬汁，空饮料瓶，凉开水。

实验步骤

1. 往空饮料瓶里倒入准备好的白糖。
2. 接着倒入准备好的小苏打。
3. 倒入大半瓶凉开水。
4. 把准备好的柠檬汁倒入瓶中。

5. 迅速拧紧瓶盖，不让里面的气体跑出来。

6. 摇晃几下，放置15分钟左右，柠檬汽水就做好了。

现象解释

柠檬酸和小苏打溶于水后，会发生化学反应，产生二氧化碳气体。二氧化碳气体溶解在含糖、果汁等成分的水中，便制成了汽水。

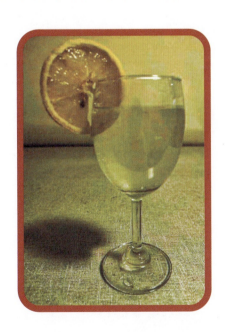

联系实际

自制其他果汁汽水。

注意事项：请勿食用实验中的混合物。本实验需成年人全程陪伴，不能让孩子单独操作，确保安全。